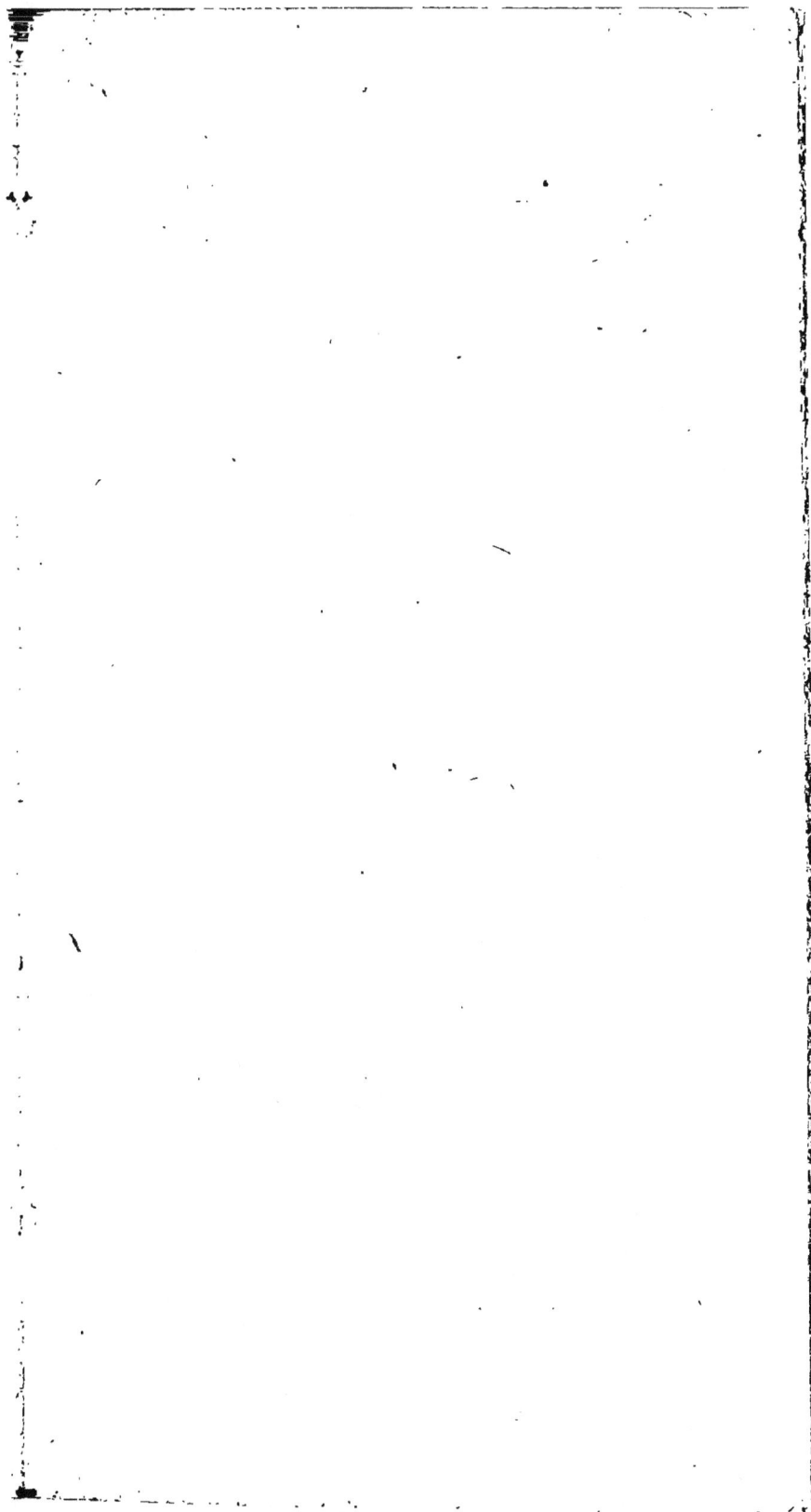

D · E

L'ARCHITECTE

D E S

CORPS HUMAINS.

R 2236
I.

D E
L'ARCHITECTE

D E S

CORPS HUMAINS,

O U

LE MATÉRIALISME

Réfuté par les Sens.

Par l'Auteur des *Principes* contre l'Incrédulité.

Camuset

Qui finxit oculum, non confiderat ?

A PARIS

Chez la Vᵉ HERISSANT, Imprimeur-Libraire,
rue Notre-Dame, à la Croix d'Or ;

THEOPHILE BARROIS, Jeune, Libraire, rue
du Hurepoix, près le Pont Saint-Michel.

M. DCC. LXXXII.

Avec Approbation, & Privilége du Roi.

DE
L'ARCHITECTE
DES
CORPS HUMAINS,
O U
LE MATÉRIALISME
RÉFUTÉ PAR LES SENS.

I.

Deſſein de l'Auteur.

Il est beau d'élever nos penſées juſqu'aux premieres ſources du vrai; il eſt

A

beau de contempler en lui-même l'Être souverain ; de compter, si je l'ose dire, d'un seul coup - d'œil ses perfections innombrables, & d'en mesurer en quelque sorte l'immensité. L'esprit, en effet, peut voir ce qu'il ne sauroit comprendre ; il peut atteindre ce qu'il ne sauroit parcourir. Mais ce coup - d'œil, est difficile pour le commun des hommes, parce que les sens n'y ont point de part, & qu'ils ne peuvent même que le rendre confus & le troubler.

Les perfections divines,
font peintes du - moins en
quelque maniere, dans le
monde matériel, fur les
êtres divers qui nous envi-
ronnent. Ici brille la puiffance de Dieu, & là fa
fageffe: ici éclate fa bonté,
& là fa juftice. La lumiere
des attributs divins, en
tombant fur les objets fen-
fibles, y fouffre une forte
de réflexion qui l'adoucit
pour nous, & la rend plus
fupportable à notre foi-
bleffe. Ainfi, les yeux du
Corps, foutiennent le re-
gard de l'Efprit vers l'Être

A ij

suprême; nous le voyons
ainsi dans ses ouvrages. Il
est impossible de le méconnoître, lorsqu'on le cherche
avec un desir sincere de le
trouver.

C'est à quoi j'invite mes
Lecteurs. Pouvons - nous
faire de nos sens un plus
noble usage? Des Philo-
sophes de ce siecle, nous
rappellent sans cesse aux
leçons de nos sens. Mon-
trons-leur, qu'ils nous en-
seignent l'existence d'un
Esprit souverain : mon-
trons - leur, que nos sens
ne sont pas les moins re-

doutables ennemis du Ma-
térialifme.

Parmi les êtres qui com-
pofent le monde fenfible,
je choifis les êtres organifés ; & entre ceux - ci, je
m'attache à l'homme phy-
fique, comme au plus ma-
jeftueux & au plus intéref-
fant. Je vais donc obferver
quelques - uns des phéno-
menes, que nous offre le
Corps Humain ; & j'efpere
prouver clairement, que les
Ecrivains, qui ont avancé
que cet ouvrage merveil-
leux n'a rien qui annonce
une Intelligence, caufe ef-

ficace & premiere de tou-
tes chofes, ne s'étoient
jamais étudiés eux-mêmes
avec la plus légere atten-
tion.

I I.

Syftême des Incrédules.

LES Incrédules, fuppofant
que le tout n'eft pas plus
grand que fa partie, admettent une matiere immenfe ;
fuppofant encore qu'une
fucceffion infinie peut s'é-
puifer, ils admettent des
mouvemens éternels ; & fur
ces fondemens, ils bâtif-
fent à grands frais un fyf-

ſtême contre le Ciel. « Des
» mouvemens éternels, di-
» ſent-ils, dans une matiere
» immenſe, ont dû y pro-
» duire une infinité de com-
» binaiſons diverſes. » Je ne
vois point cela ; à moins
que vous ne ſuppoſiez en
troiſieme lieu, que ces mouvemens ſont infiniment variés. Autrement, vous ne
ferez pas éclôre le monde
actuel, ſans le ſecours d'une
Intelligence architecte.

Mais approchons de vo-
tre ſyſtême, des faits certains, inconteſtables, & que
chacun peut vérifier. Con-

fidérons quelques-unes des
parties du corps humain ;
& leur ftructure nous ap-
prendra fi cet ouvrage eft
le fruit des mouvemens
aveugles de la matiere. Oui,
j'ofe le dire ; l'obfervation
feule, & fans autre philo-
fophie, élévera un temple
fi folide à l'Efprit fuprême,
qu'aucuns efforts de l'incré-
dulité, ne pourront jamais
l'ébranler.

I I I.

De l'Homme Phyſique en
général.

A la vue du corps humain,

de sa figure noble, des proportions extérieures de ses membres divers, il est bien difficile de ne pas reconnoître cette souveraine Intelligence, qui a présidé à la formation d'un être si parfait. Cependant, tout cela n'est rien, comparé au spectacle que nous offre la structure intérieure de cette machine admirable. Des milliers de rapports, encore plus étonnans & plus médités, sont cachés sous les premieres enveloppes, & regnent entre les leviers, les poulies, les cordages, les ressorts.

Les pieces fimples & uni-
ques, occupent toujours les
milieux ; les pieces doubles
font placées de chaque côté
à la même hauteur ; celles
qui fous une feule forme
font en plus grand nombre,
fe montrent rangées de fui-
te, tantôt fur la ligne verticale, tantôt fur une ligne
parallele à l'horifon ; jamais
contre les regles du beau &
de la fymmétrie. Qui peut
méconnoître à ces traits
une Sageffe architecte ?

I V.

Du Squélete humain.

VOYEZ cet affemblage
d'os froids & defféchés,
que l'on appelle *Squélete.*
Que cet ouvrage eft magni-
fique aux yeux d'un vrai
Philofophe! Ce tout eft
compofé de plus de deux
cens quarante pieces. Le
corps humain fe divife en
tronc & en branches. Le
fquélete eft l'arbre mort,
épuifé de feve, dépouillé
d'écorce & de feuilles. Le
tronc comprend la tête, le

col, la poitrine, les lombes &
le baffin : les branches font
les mains depuis les épaules,
& les pieds depuis les îles.
Le fquélete entier eft divifible en deux demi - fqué-
letes latéraux, parfaitement
femblables. Le plan qui le
couperoit perpendiculaire-
ment à l'horifon & felon
une ligne également dif-
tante des deux orbites, partageroit avec la plus exacte
fymmétrie tous les phéno-
menes de cette ftructure
merveilleufe. Quoi! plus de
deux cens quarante pieces
fe trouveroient placées ainfi

(13)

fans deffein, fuivant les regles de l'ordre, du beau,
& de l'unité?

V.

De la Tête offeufe.

LA tête offeufe réfulte
d'un grand nombre de pie-
ces. Huit os entre autres,
forment une boîte ova-
laire, que l'on nomme le
Crâne. Quatre de ces os
font fimples; je veux dire,
n'ont point de femblables.
Auffi occupent-ils les places moyennes, & font-ils
divifibles comme la tête

entiere en deux moitiés fymmétriques. Le premier eft le coronal, ou l'os du front, qui reçoit fon nom des couronnes & des diadêmes ; le fecond eft l'occipital ; les deux autres font à la bafe du crâne, mais fur la même ligne d'avant en arriere. Quatre autres os achevent cette boîte : ils font appariés, & fitués latéralement, chacun vis - à - vis fon femblable, fur la même ligne tranfverfale. Eft - ce le hafard ? eft - ce une aveugle fatalité, qui ont pris tant de mefures ?

C'eſt une choſe étonnante que la régularité du ſphénoïde, l'un des os de la baſe, & comme le plancher du crâne. Rien au premier coup-d'œil de plus bizarre que ſa forme. Mais ſi l'on conſidere que les éminences, les aîles, les enfoncemens, les trous, les cornets, ſont répétés de droite à gauche avec une exactitude rigoureuſe ; on reconnoîtra d'autant plus maniſeſtement le ſceau d'une intelligence, qu'il étoit plus difficile d'allier, ſi je l'oſe dire, la régularité & la bizarrerie.

Le coronal, qui jouit du
nom le plus brillant, & de
la place la plus honorable,
nous offre plus d'unifor-
mité & une égale reſſem-
blance entre ſes deux moitiés droite & gauche. Même
coupe des deux côtés, mê-
mes arcades, mêmes ſinus,
mêmes échancrures, mê-
mes productions ou apo-
phyſes. Pareille régularité
ſur l'os ethmoïde & ſur
l'occipital. Les ſimples loix
du mouvement ne ſavent
point obſerver la ſymmé-
trie tant de fois dans un ſi
petit eſpace.

Les

Les pariétaux font dou-
bles & femblables. Ils font
placés, l'un à droite, l'autre à gauche, à la même
hauteur; ainfi que les tem-
poraux, doubles comme
eux, & femblables comme
eux, l'un à l'autre.

Ici font contenus tous
les inftrumens de l'ouïe.
Huit offelets font diftri-
bués dans deux caiffes,
qu'une image militaire a
fait nommer *tambours;* quatre dans chaque caiffe, figu-
rés, fitués, & articulés de
même. Une pyramide ap-
pellée *rocher,* naît intérieu-

B

rement de chaque tempo-
ral comme d'une large bafe.
Ce roc eft couché, & creufé
profondément : on y trouve
un labyrinthe rempli de
merveilles. Le rocher droit
eft l'image du gauche : tout
eft imité de l'un fur l'autre, avec une mémoire &
une induftrie vraiment divines.

Que dirai-je de la face
du fquélete ? Les deux os
maxillaires fupérieurs forment la plus grande partie
des joues offeufes. Si vous
en prenez un & l'examinez
féparément ; que d'éléva-

(19)

tions, que de pointes, que
d'enfoncemens, quel antre
obfcur & fpacieux! On fe-
roit tenté de croire, que
c'eft-là l'ouvrage d'une caufe imprudente! Mais rap-
prochez cette piece de celle
qui doit lui répondre fur la
même ligne tranfverfale ;
& tâchez d'y trouver une
feule faute contre la fymmétrie ?

Mêmes obfervations fur
les os du nez, fur fes cornets; en un mot, fur tous
les os de la face. Le maxil-
laire inférieur, fimple dans
les adultes, eft divifible en

B ij

deux moitiés femblables :
il eft enrichi de productions
remarquables fur fes extrémités : elles font doubles
& pareilles de chaque côté,
& font pareillement arti-
culées. Les dents font im-
plantées aux deux mâchoi-
res : les mêmes efpeces &
le même nombre de cha-
que efpece , brillent fur
chaque mâchoire , & s'y
montrent rangées dans le
même ordre. Tout porte
l'empreinte d'une main
divine ; tout annonce à
grands cris une intelligence: le nom de Dieu eft gra-

vé fur plus de cinquante
pieces, dans la feule tête
offeufe.

On a comparé le monde
à une maifon fuperbe, dont
jamais perfonne n'ofa attri-
buer la conftruction au hafard. Mais fi la fymmétrie
étoit obfervée dans cette
maifon, autant de fois qu'il
y a de pierres qui entrent
dans l'édifice, quelle nou-
velle force ne recevroit
pas de là cette preuve de
l'exiftence d'un architecte?
Si le hafard paroît faire
quelquefois des combinai-
fons, jamais les réfultats ne

portent une fi vive image
de fcience, de mémoire,
d'amour de l'ordre & du
beau. Or, certainement le
fquélete humain eft auffi
admirable qu'un édifice,
dont toutes les pierres feroient fymmétriques, avec
la multiplicité la plus grande, & la plus riche variété,
Nous n'avons encore exa-
miné que le dôme de cet
édifice, & notre efprit eft
déja effrayé de la multitude
de rapports que nos yeux y
ont découverts.

Ne fuyez point la Divi-
nité; fes traces vous pour-

fuivent, vous inveſtiſſent
de toutes parts. En vous
plongeant dans l'infini pour
lui échapper, c'eſt dans le
ſein de Dieu que vous vous
plongez.

L'infinité préciſément,
eſt la négation des bornes.
L'infini abſolu, ou ce qui
n'a point de bornes en aucun ſens, eſt réel en tout
ſens, & en tout ſens in-
épuiſable. Ce qui eſt en tout
ſens inépuiſable, eſt ſou-
verainement parfait, eſt
Dieu. Oui, le vrai infini eſt
Dieu; il ne peut ni ſe divi-
ſer, ni ſe multiplier, ni ſe

combiner. Il eſt néceſſaire,
& néceſſairement tout ce
qu'il eſt. La matiere eſt li-
mitée, ainſi que le mou-
vement. Mais c'eſt une ſageſſe ſupérieure, un eſprit
ami de l'ordre, qui en forme tant d'ouvrages admi-
rables ; où la multitude des
rapports qui conſpirent en-
ſemble à l'unité & à la perfection, ne nous permet-
tent pas de le méconnoî-
tre. En vain raiſonnerions-
nous ici contre le témoi-
gnage de nos yeux ; tous
nos raiſonnemens s'éva-
nouiroient à la préſence
d'un

d'un fquélete humain, à la
préfence même du fqué-
lete d'un des plus vils ani-
-maux.

V I.

Du Tronc du Squélete.

Que l'on faffe, tant qu'on
voudra, des hypothéfes ;
ceux qui auroient peine à
comprendre d'autres ré-
ponfes, feront toujours frap-
pés de l'évidence des faits.
Voyez le tronc du fquéle-
te, & d'abord la colonne
vertébrale.

Elle s'éleve depuis les
hanches, où elle eft ferme-

C

ment appuyée, jufqu'à la
bafe du crâne, qu'elle fou-
tient à fon tour. Cette colonne eft mobile & flexi-
ble en divers fens, bien dif-
férente de ces piliers rigi-
des, bâtis de main d'hom-
me, & fur lefquels repo-
fent nos édifices inanimés.
Vingt-quatre os, comme
autant de pierres, mais de
pierres dont la coupe & la
fculpture annonceroient le
cifeau le plus délicat & le
plus hardi; de pierres, dont
le ciment qui les lie n'em-
pêcheroit point les mouvemens; de pierres, qui pourroient s'approcher & s'é-

loigner les unes des autres fans fe défunir ; forment le morceau d'architecture dont nous parlons.

Si vous regardez une de ces pieces ifolément ; rien de plus confus pour des yeux vulgaires ; rien de plus régulier pour des yeux vraiment philofophes. Le plan , qui couperoit une vertébre en deux moitiés latérales, partageroit fymmétriquement à droite & à gauche les nombreufes productions dont elles font décorées. Toutes en ont fept, à l'exception de la premie-

C ij

re ; la feconde, en a une huitieme. Sur le corps de chaque vertébre, on voit quatre échancrures ; elles font répétées fymmétrique- ment vingt-quatre fois. La colonne entiere pofe fur une large bafe, qui en eft comme le focle. Les Ana- tomiftes, appellent cette bafe *os facrum*. Il préfente, avec fon appendice, la même régularité que tou- tes les pieces impaires, la même divifibilité en deux moitiés paralléles. Cette colonne admirable eft en même temps un canal exact dans fes dimenfions, &

creufé avec une réflexion
manifefte.

Les fept premiéres ver-
tébres forment le col du
fquélete ; les douze fuivan-
tes compofent le dos ; les
cinq derniéres mefurent la
région des lombes. Les côtes, au nombre de douze
à droite, & autant à gau-
che, s'articulent avec le
corps des vertébres, & avec
celles de leurs apophyfes,
que l'on a nommées *tranf-*
verfes. Elles font des arcs,
plus ou moins grands, mais
égaux de part & d'autre ;
& viennent s'attacher au

sternum par le moyen des
cartilages, semblables aussi
de part & d'autre, qui leur
servent de supplément. Les
côtes opposées se répon-
dent par leur situation, par
leurs infléxions, & par leurs
figures. Les cinq dernieres,
sont appellées *fausses côtes*,
parce que leurs propres cartilages n'arrivent pas jusqu'au sternum. Cet os, est
régulier, & formé de plu-
sieurs autres soudés par
l'âge ; il protége la poitrine dans toute sa lon-
gueur & sa partie moyenne.
Viennent ensuite les deux

os, les plus vastes de ceux
qui entrent dans la structure du squélete, & que l'on
appelle *innominés*. Ils sont
composés chacun de trois
pieces, distinctes dans les
enfans. Ces os parfaite-
ment semblables, dans leur
figure & dans toutes leurs
dimensions, forment avec
l'os sacrum, auquel ils se
collent très-fortement, une
troisieme capacité symmé-
trique, nommée le *bassin*.
Tel est le tronc du squé-
lete. La symmétrie y est
observée avec fidélité sur
plus de cinquante pieces

diſtinctes, vingt-quatre vertébres, vingt-quatre côtes,
les deux os innominés, le
ſacrum & le ſternum ou l'os
pectoral.

Suppoſons donc une mul-
titude infinie de combinaiſons dans une matiere im-
menſe; ſuppoſons-la, dis-
je : ſi nulle intelligence n'y
préſide, qui pourra jamais
ſe perſuader qu'elles aient
produit tant de rapports
ſymmétriques, dans un auſſi
petit eſpace que celui qu'occupe le corps humain?

Dans une matiére im-
menſe, il y auroit des par-

ties qui feroient infiniment
éloignées les unes des autres. Celles - là ne pourroient fe combiner enfem-
ble: il faudroit au mouvement une éternité pour paf-
fer des unes aux autres; il
n'y paffèroit donc jamais.
Les combinaifons feroient
donc partielles dans cette
matiére, & néceffairement
renfermées dans des en-
ceintes finies. Or je vous
demande, s'il eft concevable-
ble, que des mouvemens
aveugles répandus dans une
matiere aveugle & bornée,
aient produit ces milliers

de combinaisons réguliéres que nous offrent les corps organisés ; celles même, que nous admirons dans leur seule charpente. Quand la matiere se combineroit ainsi pendant toute l'éternité, croiriez-vous sérieusement ; je ne dis pas que tous les squéletes d'hommes ou d'autres animaux ; mais qu'un seul squélete en pourroit jamais éclôre sans l'action d'une Intelligence?

V I I.

Des Extrémités du Squélete.

Voyons maintenant les branches de notre arbre superbe, ou les rameaux qui lui appartiennent. De chaque côté de la poitrine, pendent les mains du squélete. Qui croiroit, au premier coup-d'œil, qu'à les prendre depuis les clavicules & les omoplates, elles font composées chacune de trente-deux pieces ? Que dirons-nous, fi en décomposant ces mains offeufes, depuis les épaules jufqu'aux dernieres phalanges des doigts, & en comparant deux à deux fucceſſivement les foixante - quatre pieces dont elles réfultent, nous obfervons entr'elles la plus parfaite fimilitude?

Remarquez fur les omô-plates, ces angles, ces cô-tes, ces becs durs & foli-des, ces cavités creufées pour recevoir les os des bras. L'un & l'autre, font conſtruits fur la même idée; ce que vous trouvez fur l'un, vous le retrouvez fur l'autre; & il n'y a de

différence que celle que
demande la fymmétrie.
Mêmes phénoménes, fur les
clavicules, fur les os des
bras, fur les coudes, fur les
rayons ; pareilles articulations à droite & à gauche ;
pareilles têtes, pareilles
charnieres. Comparez les
feize os des poignets, comparez les métacarpes, les
quatorze phalanges des
doigts de chaque main ; s'il
y a aucune méprife, aucun
oubli dans la répétition de
tant de pieces ; fi la caufe
qui a fait l'une de ces mains
ne connoiffoit pas l'autre

parfaitement, si elle ne con-
noissoit pas l'ordre & la
regle, & si elle ne l'aimoit
pas infiniment ?

Le fémur est, comme le
bras, fait d'un seul os. Il
a une tête plus arrondie ;
il est d'un volume plus con-
sidérable. Sa tête roule dans
une cavité de l'os des hanches, & y exécute divers
autres mouvemens. Voyez
sur l'extrémité inférieure
de cet os, une charniere,
comme sur le bras ; mais
moins parfaite, & complé-
tée par la rotule. Comparez
ensemble l'un & l'autre fé-

mur ; comparez les deux os de chaque jambe ; comparez le tarse droit avec le gauche, les métatarses, les quatorze phalanges des orteils, dans leur forme, dans leur volume, dans leur solidité, dans leur situation ; & vous reconnoîtrez sur un pied, trente copies exactes & symmétriques des trente pieces dont l'autre résulte. Ce n'est point là l'ouvrage du hasard.

Direz-vous, que c'est un effet nécessaire ? Mais si les mouvemens qui ont formé la charpente de la main

droite dans le fquélete,
font des mouvemens nécef-
faires ; comment la main
gauche, faite de matiere
de même nature , a-t-elle
cependant une conforma-
tion fymmétriquement op-
pofée , quoique d'ailleurs
entierement femblable ?
Pourquoi remarque-t-on
la même chofe dans les
deux pieds ? Pourquoi la
moitié de la tête offeufe,
pourquoi la moitié du tronc,
nous préfentent - elles les
mêmes reffemblances & les
mêmes différences à la fois,
dans la combinaifon des
mêmes

mêmes matieres ? Pourquoi chacun des os qui font uniques dans le fquélete , & chacun des affemblages , uniques auffi, montrent-ils la même oppofition fymmétrique dans la reffemblance exacte de leurs moitiés droites & gauches ? Ne voyez - vous pas ici manifeftement le fceau d'un être libre & penfant , d'une intelligence fupérieure à cette prétendue néceffité des mouvemens de la matiere , qui les varie , comme il lui plaît , dans les élémens de même efpéce ? Des

D

élémens, qui feroient mûs
néceffairement & de la
même maniere, s'arrange-
roient - ils à contre-fens,
& néanmoins felon les ré-
gles des proportions & de
l'unité idéale ? Les côtes
droites, par exemple, font
pliées en un fens ; pour-
quoi les côtes gauches, qui
leur répondent, font-elles
pliées en un fens directement contraire ? Ne font-
elles pas compofées de molécules de même nature,
les unes & les autres ? Je
pourrois vous faire la même queftion fur toute la

moitié du fquélete, com-
parée à l'autre moitié ; tant
le fceau d'une Intelligence
eft profondément empreint
fur cet ouvrage! tant cette
production eft au - deffus
des forces du hafard &
d'une aveugle néceffité !
tant les fyftêmes d'incré-
dulité de tous les fiécles,
font incapables de réfifter
à une feule obfervation
anatomique !

V I I I.

Des Cartilages, des Ligamens, des Capsules, & de l'intérieur des Os.

JE ne dis rien des os vormiens, ni des féfamoïdes ; on peut les regarder comme des offifications accidentelles. Les cartilages, les ligamens qui attachent les unes aux autres les diverfes pieces dont le fquélete eft compofé, les capfules placées autour des articulations, mériteroient d'être obfervées en détail, fi les bornes que je me fuis

prefcrites, me le permet-
toient. Leurs ufages font
manifeftes : mais je ne traite
point des caufes finales, je
ne parle ici que des caufes
formelles, pour ainfi dire,
& de la fimple ftructure ou
de la conformation vifible
des êtres organifés.

Les cartilages, les liga-
mens, les capfules, qui fe
trouvent fur une des moi-
tiés du fquélete, droite ou
gauche, fe retrouvent fur
l'autre exactement à même
hauteur, à même diftance
du plan perpendiculaire à
l'horifon; & ceux qui fe-

roient coupés par ce plan, feroient partagés en deux moitiés fymmétriques. Nulle erreur, nulle méprife, ni dans le nombre, ni dans la figure, ni dans la fituation, ni dans la couleur, ni dans la direction même des fibres élémentaires. Tout eft calculé, tout eft mefuré, tout eft formé fur l'idée immuable de l'ordre, du beau, de la perfection. Qui peut à ces traits méconnoître une Intelligence?

Nous n'avons confidéré que la furface des os : fi nous les brifions, ou fi

nous les décompofions ;
que de nouveaux prodiges
s'offriroient encore à nos
regards ! Nous trouverions
les cavités des grands os ,
creufées felon les mêmes
dimenfions dans les os femblables. Mais ce qui eft bien
plus étonnant , nous trouverions les fibres de ces os ;
car les os font compofés
de fibres , tendues felon
les directions que deman-
de une parfaite fymmétrie
dans la totalité du fqué-
lete. Comment donc des
Philofophes du dix-huitie-
me fiecle , n'ont - ils vu

dans l'homme - phyſique ,
que la production d'une
cauſe inintelligente ?

I X.

Récapitulation.

LE ſquélete humain eſt
compoſé , ainſi que nous
l'avons vu , de ſept mor-
ceaux principaux , la tête,
la poitrine , le baſſin , les
deux mains oſſeuſes , & les
deux pieds. La tête , la poitrine & le baſſin, ſont ſymmétriques ou diviſibles en
moitiés latérales parallèles.
Ces trois morceaux , ſont
placés au - deſſus l'un de
l'autre ;

l'autre ; ce que demandoit
la loi de l'ordre, parce
qu'ils n'ont point de femblables dans le même tout.
Les deux mains & les deux
pieds font placés de cha-
que côté à même hauteur ;
ce que demandoit la même
loi, parce qu'ils font répétés deux fois dans le même
tout. Il y a entr'eux, néanmoins, une efpece de con-
trariété, qu'exigeoient encore la loi de l'ordre & la
fymmétrie. Les rayons fe
regardent ; les tibias, les
pouces des mains & des
pieds. Cette contrariété

E

merveilleuse se remarque
entre les deux moitiés latérales de la tête , de la
poitrine, du baſſin , & con-
ſéquemment du ſquélete
entier. Elle se remarque
même entre les deux moi-
tiés de chacune des pieces
uniques , qui entrent dans
ſa ſtructure , & entre les
fibres élémentaires dont ces
pieces oſſeuſes ſont tiſſues
& formées. Les fibres dont
les pieces doubles ſont com-
poſées , obſervent la même
contrariété , que les pieces
qu'elles compoſent. Voilà,
en général , ce que le ſqué-

lete humain offre conſtam-
ment à nos yeux , dans l'aſ-
ſemblage de plus de deux
cents pieces diſtinctes, dont
il eſt fait.

Si la matiere étoit in-
finie & toutes ſes parties
en mouvement ; alors cha-
que molécule aſſignable
trouveroit de tous côtés des
obſtacles infinis. Il ne pourroit ſe faire aucune combi-
naiſon, à moins de ſuppoſer
les mouvemens circulaires,
c'eſt-à-dire, renfermés dans
une enceinte bornée.

Mais qu'il ſe faſſe une
infinité de combinaiſons;

un ouvrage auffi régulier
que le corps humain, ne
fera jamais un de leurs réfultats, fi l'on n'admet point
d'Intelligence qui y pré-
fide. Dans un auffi petit
efpace que celui qu'occu-
pent nos corps, la fymmé-
trie ne fera jamais gardée
tant de fois avec une fi
grande exactitude.

Ni Epicure, ni Spinofa,
ni leurs modernes rivaux,
ne nous expliqueront ja-
mais la formation d'un
fquélete. Otez la fouve-
raine Intelligence, les loix
de l'orde & du beau font

inconnues aux caufes de
l'Univers; c'eft une abfur-
dité de croire qu'elles pourront y être fuivies des millions de millions de fois.
Les productions régulieres
font plus difficiles que les
autres. Les mouvemens qui
les forment font bien plus
variés, plus compliqués.

Mais, dira-t-on, la ma-
tiere eft divifible à l'infini.
Donc les mouvemens peu-
vent y être infiniment variés? Non: quand la matiere feroit divifible, comme
vous le dites, les mouve-
mens ne pourroient être in-

finiment variés, puifqu'ils
fe confondroient. Ils ne le
feroient point affez dans
un petit efpace, pour conftruire un fquélete humain.

X.

Du Cerveau.

I l y a dans le corps hu-
main trois capacités con-
fidérables & entierement
fymmétriques. La premiere
eft le crâne, formé de huit
os; c'eft une véritable boîte.
La feconde, eft comprife
entre les vertebres dorfales, le fternum, & les côtes

de part & d'autre ; c'eft la poitrine. Dans le vivant, il y a une cloifon tranfver- fale, qui en fait comme le plancher, nommé le *dia- phragme*. Au - deffous eft la troifieme capacité, que compofent inférieurement l'os facrum avec les os inno- minés. Cette derniere s'ap- pelle le *baffin*.

Les Anciens appelloient le crâne, *ventre fupérieur ;* ventre moyen, la poitri- ne ; & l'efpace au - deffous du diaphragme, *ventre in- férieur* ou *bas - ventre*. Ils remarquoient, que le premier eft muni de tous côtés de parois offeufes ; que les murs du fecond font mêlés d'os & de chairs ; & que le troifieme n'a point d'os dans la plus grande partie de fa circonférence. Ils admiroient la gradation réguliere de cette ftructure : tout eft digne d'admiration dans l'ouvrage d'un Dieu. On nomme vifceres les organes contenus dans ces différentes - capacités , & qui n'y font point adhérens par la plus grande partie de leur furface.

Cette enveloppe fi ferme,

qui recouvre le cerveau, & dont la superficie convexe s'attache aux parois du crâne : cette enveloppe, dis-je, si ferme & si dure, qu'elle a mérité le nom de dure-mere, nous annonce par sa texture, que le trésor qu'elle contient est des plus précieux. Sous cette premiere membrane, on en voit une autre plus délicate & plus tendre, que l'on a appellée *pie-mere*. Il est des Observateurs qui en ont compté une troisieme entre les deux, sous le nom d'*Arachnoïde*, l'assimilant à

une toile d'araignée. Lorſ-
qu'on a levé ces envelop-
pes, on apperçoit le cer-
veau. C'eſt de tous les
viſceres le plus noble, le
moins connu, & le plus
intéreſſant. Ce qui paroît
de ſa ſtructure eſt maniſte-
ment l'ouvrage d'une In-
telligence.

La ſymmétrie la plus
exacte, brille dans tout ce
morceau. La maſſe totale
eſt compoſée de trois prin-
cipales portions, différem-
ment figurées. Elles ſont
placées l'une au-deſſus de
l'autre, de maniere que le

même plan tranchant, per-
pendiculaire à l'horifon ,
paſſeroit par les centres de
ces trois corps, & les partageroit chacun en deux
parties latérales , parfaitement reſſemblantes. La
premiere de ces portions,
eſt le cerveau proprement
dit ; c'eſt la plus conſidé-
rable. Elle remplit l'hémiſphere ſupérieur du crâne,
& ſon hémiſphere anté-
rieur. La ſeconde , eſt le
cervelet ; il occupe le fond
poſtérieur de la boîte oſ-
feuſe. La troiſieme, eſt au
milieu & au - deſſous des

deux autres : elle porte le nom de *moëlle allongée*, juf- qu'à fon entréc dans le ca- nal des vertebres, où elle prend celui de *moëlle épi- niere.*

Le cerveau, eft compofé de deux fubftances ; l'une grifâtre ou cendrée, & l'au- tre blanche. La fubftance cendrée, eft la plus exté- ricure. Elle eft partagée longitudinalement par un repli de la dure-mere, fem- blable à une faulx , dont la pointe feroit en avant, & le tranchant regarderoit l'ho- rifon. Si cette faulx éroit

imaginée s'abaisser perpen-
diculairement; elle divise-
roit tout le corps humain
en deux parties, tant intérieurement qu'extérieure-
ment modelées l'une sur
l'autre. Cette faulx est comme un mésentere, qui sou-
tient les circonvolutions de
la substance cendrée, qui
empêche les deux hémi-
spheres de se presser, de se
séparer, & de glisser sur les
côtés du crâne. Elle main-
tient encore la direction
de ces fleuves de sang, qui
arrosent le cerveau, & dont
le cours seroit si souvent

gêné ou interrompu. Mais
ce ne font point les caufes
finales qui nous occupent
ici ; c'eft la feule ftructure,
& les rapports merveilleux
qui brillent à nos regards.

Quelle multiplicité , &
quelle jufteffe à la fois !
Tout eft compté , tout eft
formé , tout eft placé ; comme fi les moindres parcelles
de cet ouvrage devoient être
expofées au grand jour, &
vouloient défier les regards
de la critique la plus féve-
re. Le corps calleux ou centre ovale , eft comme le
noyau du cerveau. Deux

ventricules profonds y font creufés fymmétriquement, un de chaque côté. Au fond de chaque ventricule, eft un des corps cannelés, organes de l'odorat. Entre leurs extrémités, fur le même plan horifontal, font les couches optiques, qui s'adoffent & fe répondent parfaitement l'une à l'autre. Plus loin, & toujours fur ce même plan, font les tubercules quadrijumeaux, deux de chaque côté, femblables chacun à celui qui lui eft oppofé fur le diametre tranfverfal; & au-deſſus de ces quatre corps, la célebre glande, que Deſcartes regarda plus légérement peut-être que fauſſement, comme le ſiége de l'ame raiſonnable.

Sous une tente qui tient à la faulx, eſt placé le cervelet, dont la forme eſt réguliere, & les deux hémiſpheres latéraux entiérement ſemblables.

Quatre branches, ſorties, deux du grand cerveau, & deux du cervelet, viennent ſe réunir, & former la moëlle allongée & épiniere. Pareille régularité dans toute

toute la conformation de
cette troifieme partie. Je
n'ai rien dit des deux ventricules impairs, de la glande que l'on a nommée *pi-
tuitaire*, ni de fon enton-
noir, de la diftribution fymmétrique des finus. Je ne
prétends pas tout parcou-
rir; ce que nous avons obfervé nous annonce affez,
que le plus noble de nos
vifceres n'eft pas la production d'une caufe téméraire
& aveuglement efficace.

E

X I.

Réflexions fur la ftructure apparente du Cerveau.

ON a comparé le cerveau à un fumier, & les nerfs auxquels il donne naiffance, à ces plantes fpontanées, ce femble, qui naiffent fur les planches de nos jardins. Je doute que cette comparaifon paroiffe exacte à ceux qui auront obfervé la régularité de toutes les parties qui compofent ce noble vifcere, & leurs rapports fi.

juftes malgré leur multi-
plicité. Dans nos jardins,
l'art & l'intelligence des
ouvriers fe font voir, il eft
vrai, jufque dans l'arrangement des fumiers. Les
dimenfions fymmétriques
des planches, font comme
un fceau de leur induftrie
& de leur adreffe. La fymmétrie qui regne entre toutes les parties du cerveau,
eft un fceau bien plus écla-
tant de la fouveraine In-
telligence.

Cette pulpe apparente
eft un amas de filets, vifi-
bles quelquefois, & repliés

avec les plus grandes précautions. Tout eſt ſemblable d'un côté à l'autre dans le nombre des parties, & dans leur ſtructure la plus intime. Les plantes prétendues ſpontanées ſe montrent-elles jamais avec cet appareil qui brille dans la diſtribution des nerfs? Dix ſortent de chaque côté du crâne, ni plus ni moins. Ils ſe reſſemblent deux à deux, dans leur origine, par leur diſtance des autres nerfs qui les ſuivent, dans le nombre des filets dont ils ſont formés. Vingt-qua-

tre fortent de chaque côté
de la moëlle épiniere , le
long de la colonne des vertebres ; & cinq ou fix de
chaque côté de fa bafe.
Cette égalité , cette uniformité , fe trouve - t - elle
dans la diftribution des
plantes que l'on appelle
fpontanées ? Ces nerfs , de
droite à gauche , doivent
fe reffembler jufques dans
leurs dernieres ramifica-
tions, puifqu'ils parcourent
toute l'habitude du corps
humain, comme fa mobi-
lité & fa fenfibilité univer-
felles le témoignent affez.

Non, je ne crois pas que l'on puiſſe regarder ſincere-ment un tel ouvrage comme le fruit des combinaiſons inévitables dans la matiere, la ſuppoſât-on infinie. Les productions régulieres ſont plus difficiles que les autres ; elles ſont donc au-deſſus des forces d'une cauſe qui ne ſauroit choiſir, & dont l'énergie eſt toujours aveu-gle.

XII.

Des Poumons & du Cœur.

ON appelle *poitrine*, l'eſ-pace compris entre le ſter-

tnum & les douze vertebres
dorfales, & entre les vingt-
quatre côtes de droite à
gauche , terminé par les
deux premieres côtes fupé-
rieurement, & inférieure-
ment par la cloifon tranfverfale ou le diaphragme.
Cet efpace, fymmétrique
dans fes dimenfions , eft
tapiffé intérieurement d'un
tiffu cellulaire, & contient
trois facs membraneux :
deux de ces facs s'adoffent
fous le fternum, & renfer-
ment chacun un lobe des
poumons. Le troifieme im-
pair eft placé dans l'écarte-

ment inférieur des deux
premiers , & renferme le
cœur. Il est posé sur le diaphragme. Quoi de plus ré-
gulier , de plus visiblement
médité & réfléchi !

La trachée artere est un
canal qui conduit aux poumons, & auquel ils sont
suspendus. Que ne pourroit-
on pas dire de la coupe &
de l'arrangement merveil-
leux de tant de cartilages
élastiques dont elle est com-
posée? Dans les poumons
les arcs deviennent anneaux
parfaits : la trachée se divise en deux branches pour
entrer

entrer dans les plevres ;
nouvelles divifions & fub-
divifions : les tuyaux deviennent capillaires ; leurs extrémités s'épanouiffent, & forment des grapes dont les
cellules aériennes font les
grains. Mêmes phénomè-
nes dans le poumon droit
& dans le poumon gauche :
tel eft l'inftrument de la
refpiration & de la voix
tout enfemble.

Le cœur biaife un peu
vers la gauche ; mais c'eft
peut-être l'effet du reffort
puiffant de l'aorte ou de la
grande artere. On trouve

G

dans ce vifcere quatre cavités, & comme quatre
chambres différentes : deux
s'appellent ventricules, &
les deux autres oreillettes.
Celles-ci font des efpeces
de poches attachées aux
veines : ceux - là s'ouvrent
dans les arteres. On remarque fur la furface extérieure
du cœur, un fillon qui, par-
tant de la bafe, s'avance
jufqu'à la pointe, & revient
enfuite à la bafe, en faifant
le tour de cet organe. Le
plan tranchant qui coupe-
roit le cœur en fuivant ce
fillon, formeroit deux de-

mi-cœurs femblables, dont chacun feroit décoré de fon ventricule & de fon oreillette, de fes veines & de fon artere. Quelle exactitude !

Puifqu'il n'eft aucune partie de nos corps qui foit deftituée de fang, il faut d'abord que les divifions & les ramifications innombrables des veines fe répandent dans tout l'animal, & en imitent la figure ; & il faut en fecond lieu que les arteres fe divifent, fe ramifient, & fe forment de même. Les veines partent

de la droite, & les arteres
de la gauche alternative-
ment, afin que ces arbres
magnifiques obfervent, autant qu'il eft poffible, la
fymmétrie & l'égalité.

Qui croiroit, au premier
coup-d'œil, que ces rap-
ports, qui font la beauté
extérieure des animaux,
font plus exacts encore dans
leur figure intérieure, &
prefqu'infiniment plus multipliés? Les Philofophes qui
ont imaginé des moules,
pour expliquer la reproduc-
tion des êtres vivans, n'a-
voient point remarqué fans

doute ce phénomène. Comment, en effet, concevoir des moules qui difposeroient ainfi les parties intérieures innombrables des corps animés? Le moule d'une ftatue donne la forme extérieure à la matiere; mais des milliers de parties intérieures & contiguës le plus fouvent les unes aux autres, quels moules pourroient les conformer fi régulièrement? Et s'il exiftoit de tels moules, qui auroit pu les conftruire, finon une fouveraine Intelligence?

G iij

Si l'on entend par ces
moules les premiers linéa-
mens des animaux ; alors
c'eſt l'opinion des germes
préexiſtans : il n'y a plus de
différence que dans les ter-
mes ; & la Religion trouve
des armes auſſi puiſſantes
dans l'une que dans l'autre
expreſſion. Chaque indivi-
du aura eu ſon propre moule, identifié avec lui ; & la
même ſageſſe aura été né-
ceſſaire pour deſſiner les
moules, qui le ſeroit pour
deſſiner les germes des diverſes eſpeces. Des combinaiſons aveugles, fuſſent-

elles infinies, ne produiront jamais rien de si régulier.

XIII.

De l'Eſtomac, du Foie, & de la Rate.

Sous le diaphragme eſt couché de gauche à droite l'eſtomac ſur le pancréas. Ici la ſymmétrie paroît négligée au premier coup-d'œil : mais on en retrouve aſſez pour reconnoître encore l'intelligence ; & ce qui ſemble manquer prouve encore plus manifeſtement, que l'Auteur de nos corps

G iv

eſt un être libre. L'abdó-
men, ou l'eſpace qui con-
tient les viſceres inférieurs,
eſt régulier; mais il eſt
inſuffiſant pour permettre
un arrangement plus exact
aux quatre que je viens de
nommer, qui s'éloignent
un peu de l'unité ſymmétri-
que dans leur ſituation.

L'eſtomac eſt régulier
dans ſa forme & dans ſa
ſtructure; il eſt diviſible en
deux moitiés ſemblables. Il
en eſt de même du pan-
créas ſur lequel il eſt couché. Ces viſceres occupent
le milieu; le foie & la rate

qui ont plus d'analogie enfemble, font placés de chaque côté. La difproportion
de leurs volumes & leurs
figures plus ou moins régulieres, font des effets fans
doute de la gêne plus où
moins grande, qu'ils éprou-
vent l'un & l'autre.

Si les rapports fymmétri-
ques étoient des effets né-
céffaires dans la ftructure
des animaux, ils devróient
fe trouver ici auffi exacts
que dans les autres parties.
Cette vérité, quoique lé-
gere, annonce une délibé-
ration de la caufe ; les cau-

ſes aveugles agiſſent toujours de la même maniere
dans les mêmes circonſtan-
ces. Nous l'avons déja dit,
les productions régulieres
ſont plus difficiles que les
autres ; il faut du choix,
de la mémoire, de l'intelligence en un mot pour en
être l'auteur. Mais les dé-
fectuoſités qui s'y rencontrent, ſi elles ſont en petit
nombre ; ſi elles ſont d'ailleurs entre-mêlées & com-
poſées, pour ainſi parler,
de régularités manifeſtes ;
elles ne peuvent que prouver la liberté de l'ouvrier

qui les a fouffertes ou mifes dans fon ouvrage. Loin de jeter des nuages fur fa fageffe, elles la font briller avec un nouvel éclat.

Tout le conduit inteftinal tient à l'eftomac, & en eft comme la continuation. Quelqu'étendu que foit ce canal, qui peut mefurer fept ou huit fois la hauteur du corps dont il fait partie, fes circonvolutions nombreufes font foumifes néanmoins à une efpece d'arrangement fymmétrique. La portion nommée *duodénum* eft fituée en ar-

riere , vers le milieu & au-
deſſus des autres. Le jéju-
num occupe antérieure-
ment la région ombilicale.
L'iléum ſe partage à droite
& à gauche ſur les îles. Le
cæcum eſt entierement à
droite ; mais il n'a que trois
doigts d'étendue, avec une
étroite appendice ; & l'on
peut le regarder lui-même
comme un appendice du
colon. Celui-ci s'éleve, &
décrit un arc du rein droit
au rein gauche ; deux organes parfaitement reſſem-
blans en eux-mêmes, & ne
différant que très-peu dans

leur situation. Le colon se contourne ensuite vers l'épine, & prend en descendant le nom de *rectum*.

Le méfentere, à la circonférence duquel les inteftins font attachés, eft fymmétrique. Son appendice, eft repliée avec une forte de fymmétrie, felon la marche des deux dernieres portions du canal inteftinal. Entre les membranes du méfentere, rampent ces vaiffeaux, dont les orifices reçoivent le chyle des inteftins, & qui par leur réunion forment

ce fleuve de lait qui monte
contre fon propre poids
jufqu'à la veine fous-cla-
viere gauche. Un fac graif-
feux & quarré, nommé
épiploon, flotte fur les inteftins, conferve leurs tuni-
ques, & leur procure une
chaleur douce & nécef-
faire. C'eft toujours le même efprit d'ordre, de fa-
geffe & de vertu, qui fe fait
remarquer dans la ftructure
des vifceres, comme dans
celle du fquélete.

Si la matiere étoit né-
ceffaire, immenfe, & le
feul être, elle feroit ho-

mogène. La matiere feroit
donc également parfaite
dans chacune de fes par-
ties comprifes fous les
mêmes dimenfions. Dans
cette hypothefe, fi quel-
ques molécules tendoient
à la fymmétrie, toutes y
tendroient. Toutes y ten-
droient de la même ma-
niere, & conféquemment
n'y tendroient point du
tout, puifque fans variété
il n'y auroit point de fymmétrie. D'où viendroit donc
la variété des phénomènes?
Si tous les mouvemens ont
la même direction & la

confervent toujours, il ne
fe fera rien de varié. Si les
directions varient, il faut
qu'elles varient avec ordre,
c'eft-à-dire, prefque infiniment dans un efpace fini,
pour y produire des ouvrages pleins de régularité.
Tout nous ramene donc à
une Intelligence.

XIV.

Des Mufcles en général.

LE nombre des mufcles
dans le corps humain ex-
cede celui des os, qui en
forment la charpente. Ils
fervent

fervent à mouvoir ou à tenir en ftation les diffé-rentes parties de ces ma-chines admirables. On en compte environ cinq cens. Tous font ou fymmétri-ques ou placés fymmétri-quement.

Les mufcles font des faifceaux de fibres ou char-nues uniquement, ou char-nues à la fois & tendineu-fes. Les fibres charnues font rouges, & fufceptibles de contraction. Les tendineu-fes font blanches, & ne peuvent ni fe raccourcir, ni s'allonger. La plupart des

H

mufcles ont des tendons.
La portion charnue des
fibres dont ils font compofés, fe contracte, & tire à
elle, en fe raccourciffant,
la portion tendineufe, qui
entraîne l'os auquel elle eft
attachée, ou la tient im-
mobile. Si le mufcle n'a
point de tendon, la por-
tion charnue opere feule la
ftation ou le mouvement.

Il y a des mufcles im-
pairs, & il y en a qui font
pairs. Les premiers font
fymmétriques, & ils occu-
pent les places moyennes.
Les mufcles pairs font pla-

cés fymmétriquement, &
fe répondent, finon fur la
même partie, du moins fur
les parties femblables. La
forme & le volume des mufcles , font proportionnés
non - feulement aux fonc-
tions qu'ils doivent faire,
mais auffi aux lieux qu'ils
doivent remplir fuivant les
loix du beau, afin que le
corps humain ne foit point
une maffe, & qu'à l'exté-
rieur, il devienne encore
une vive image de l'ordre
pour lequel fon auteur a
le refpect le plus profond.

Si je traitois des caufes

finales, si je voulois venger
cette preuve de l'existence
divine contre Lucrece &
les Ecrivains qui l'ont atta-
quée, je ne demanderois
que des yeux à mes Lec-
teurs. On voit manifeste-
ment les usages des mus-
cles dans le corps humain.
Qu'il y en ait dont les fonc-
tions précises ne soient pas
connues, il est certain que ce
sont les organes de tous nos
mouvemens. Or comment
cinq cens muscles environ,
se trouveroient - ils cons-
truits & distribués sans des-
sein dans l'habitude de nos

corps, pour en mouvoir les diverſes parties en tant de ſens différens ? Comment preſque tous les muſcles auroient - ils des antago-niſtes, de maniere que les mouvemens contraires peu-vent s'exécuter également tour - à - tour ? Comment l'extenſion de la tête, par exemple, s'opére-t-elle par certains muſcles, la rota-tion par d'autres ? Com-ment les mains, les pieds ſont - ils fournis ſi abon-damment de muſcles, dont les actions ſont ſi variées ? Lucrece dit, que l'on s'eſt

avifé de regarder & de
marcher , parce que l'on
s'eft trouvé des yeux & des
jambes : cela fignifie, que
l'on s'eft avifé de fe fervir
de cinq cens mufcles, pour
tous les mouvemens de nos
membres ; parce que ces
mufcles fe font trouvés
conftruits avec un art merveilleux, pour les exécuter.
Que c'eft haïr Dieu, que
d'écrire de tels blafphê-
mes ! Mais, encore une
fois, je ne traite point ici
des caufes finales.

X V.

Des Mufcles de la Tête.

PLUSIEURS paires de mufcles font chargées de mouvoir la tête, & de la tenir immobile. Les uns, font placés antérieurement, les autres en arriere. La fymmétrie eft obfervée dans le nombre, dans la forme de ces mufcles, dans leur pofition, & jufques dans la direction de leurs fibres. Chacun de ces mufcles a fon image dans celui qui lui répond.

Rien de plus varié que

les mufcles de la face ; rien
de plus exact. Les yeux, les
oreilles, le nez, la bouche,
le menton, en ont chacun
de particuliers. Les parties
qui font dans le palais en
ont pareillement ; & la multiplicité n'empêche point la
juftefle des rapports. Les
mufcles du front forment
deux demi - cercles, dont
les yeux font les centres.
Parmi les mufcles des yeux
& de la bouche, il en eft
qui reffemblent à des an-
neaux. Ceux de la mâchoire
inférieure font très - puif-
fans, à caufe du travail qui
leur

leur est imposé : ils ne sont
pas moins admirables par
la direction symmétrique,
que par la force de leurs
fibres.

Il y a en nous un senti-
ment victorieux de tous les
sophismes, qui, à la vue de
cet art & de ces rapports
manifestes, nous oblige à
reconnoître une Intelligence souveraine. Ce senti-
ment n'est point un instinct
aveugle ; c'est une convic-
tion motivée & profonde,
quoiqu'il ne soit pas facile
d'en développer la philo-
sophie. Nous sentons que

I

le défordre ne peut être la caufe immédiate de l'ordre ; que l'irrégularité ne peut produire la régularité immédiatement. En effet, il eft évident que des ouvrages où il regne des rapports & des proportions variées, fuppofent la même variété de proportions & de rapports entre les actions qui les ont faits ; & il n'y a qu'une volonté intelligente qui puiffe varier fon action prefque infiniment dans un auffi petit efpace que celui qu'occupe le corps humain.

X V I.

Des Muscles du Tronc.

VINGT-DEUX paires de muscles remplissent les intervalles des douze côtes de part & d'autre de la poitrine. Les plus extérieurs de ces muscles, onze de chaque côté, descendent obliquement en s'éloignant des vertébres. Ce premier plan en couvre un second; les fibres des muscles qui composent celui-ci, tiennent une marche opposée; elles descendent oblique-

ment , en s'éloignant du
fternum ; ou , fi l'on veut,
elles montent en appro-
chant de cet os. Admirons
encore ici la correfpondan-
ce de tant de filets , dont
tous ces mufcles font compofés. Cette complication
fi réguliere , eft le fceau
incommunicable d'une Sa-
geffe architecte.

Les mufcles principaux
de l'abdomen , font au
nombre de dix, fans comp-
ter le diaphragme , qui le
fépare de la poitrine. Cinq
font placés à la droite ,
& autant à la gauche. Les

plus extérieurs s'appellent
obliques defcendans ; leurs
fibres effectivement def-
cendent depuis les dernieres des vraies côtes & le
voifinage des vertébres ,
vers la ligne verticale an-
térieure, appellée la ligne
blanche , qui divife & réu-
nit ces mufcles & ceux qui
en font recouverts. Ces
mufcles font attachés auffi
inférieurement aux os in-
nominés ; la longueur de
leurs fibres les rend capa-
bles d'une contraction plus
uniforme & moins incom-
mode pour les inteſtins.

I iij

Ces fibres fe reffemblent d'un mufcle à l'autre : elles fe réglent dans leur marche, chacune fur fa pareille à droite & à gauche, & mefurent tous leurs pas de concert.

On remarque la même chofe dans les mufcles, qui font placés fous ces premiers, & que l'on a nommé obliques afcendans, à caufe de la direction contraire de leurs fibres. Sous les afcendans on trouve les tranfverfaires, dont les fibres marchent parallelement à l'horifon,

& viennent se confondre
aussi dans la ligne blanche.
Les deux muscles droits s'é-
levent ensuite directement:
attachés aux os antérieurs
du bassin, ils montent jusqu'à celui de la poitrine.
Enfin les deux pyramidaux
ont les mêmes attaches inférieurement, & montent
jusques vers l'ombilic. Ex-
pliquez, sans recourir à une
Intelligence, la ressemblan-
ce symmétrique de tous ces
muscles de gauche à droite,
& malgré leur voisinage &
leurs entrelâcemens, les directions opposées, paralle-

les & si régulieres de leurs fibres.

Un Anatomiste moderne ne compte que six ou sept paires de muscles sur l'épine. Mais que l'on divise & que l'on subdivise ces muscles, avec d'autres savans ; que l'on en augmente ainsi le nombre, tant que l'on jugera à propos, la similitude entiere d'un muscle avec l'autre dans chaque paire, n'en sera que plus merveilleuse. Elle publiera à plus haute voix encore l'Être intelligent, auteur de cet ouvrage. Les mou-

vemens , fi multipliés , fi
variés , fi contraires & fi
voifins , par lefquels il a
été conftruit, n'ont pu être
imprimés que par une caufe
éclairée & libre.

XVII.

Des Mufcles des extrémités.

ON compte enfin plus
de cinquante mufcles, fur
chaque branche ou extré-
mité du corps humain ; ce
qui fait plus de deux cens
pour les quatre. Qu'il me
fuffife d'obferver que chaque main depuis l'épaule

jufqu'aux doigts, & cha-
que pied depuis les hanches
jufqu'aux orteils , eft l'image de l'autre , non feulement à l'extérieur , mais
intérieurement , dans le
nombre , dans la figure ,
dans la fituation , dans les
attaches , dans la longueur
des mufcles , & jufque dans
la direction des fibres muf-
culaires.

Je ne dirai rien des glan-
des , quoiqu'elles foient
diftribuées dans le corps
humain avec la plus admi-
rable économie. Celles qui
fe remarquent d'un côté

du plan tranchant, qui le partageroit en deux moitiés latérales, se rencontrent de l'autre côté, à la même hauteur, à la même diſtance de ce plan, ſauf les exceptions légeres que nous avons indiquées.

Tout, en un mot, exprime l'idée immuable de l'ordre, de la perfection; idée inconnue aux cauſes aveugles & téméraires ; idée, qui demande trop de multiplicité, de variété, de complication, de contrariété dans les mouvemens de la matiere, pour

pouvoir y être imitée, sinon
par un Moteur intelligent.

Mais, direz-vous, la
pesanteur est une force in-
hérente à la matiere, &
qui en est inséparable. En
combien de manieres cette
force ne peut-elle pas être
modifiée par les obstacles?
Qui sait si à la longue, de
modifications en modifications, elle ne peut point
parvenir à former des êtres
organisés?

Qui le sait? vous-même
vous devez le savoir, d'a-
près les réflexions que je
vous ai offertes. La com-

plication des mouvemens
néceſſaires dans le lieu
même que ces 'êtres occu-
pent, pour les y deſſiner &
les y former, ne peut avoir
ſa cauſe immédiate, que
dans une volonté intelli-
gente. Des mouvemens,
qui ne s'exécuteroient qu'en
conſéquence des chocs de
la matiere environnante,
ne ſeroient pas aſſez variés,
pour produire des ouvrages
auſſi profondément ſym-
métriques & réguliers dans
leur ſtructure.

Je pourrois ajouter, que
la peſanteur dans votre ſyſ-

tême, eſt une force chimé-
rique. Examinez les corps
relativement à un eſpace
environnant, infini. L'infini n'a ni haut ni bas, ni
orient ni occident, ni ſep-
tentrion ni midi. Tout eſt
en lui ſimple, indiviſible,
unité. Les corps, dans ce
vuide prétendu, ne ten-
dront donc pas plutôt vers
un point que vers l'autre,
par une inclination natu-
relle; puiſqu'il n'y a, pour
ainſi parler, qu'un ſeul
point environnant.

XVIII.

De l'Extérieur du Corps Humain.

La route que nous avons prise pour démontrer la Divinité par la structure du corps humain, est, ce me semble, très-facile & très-lumineuse. On a fait des objections contre les preuves tirées de causes finales; & contre quelles preuves n'en a - t - on pas fait dans ce siele? Ces preuves subsistent, sans doute, & triompheront toujours dans les efprits finceres & de bonne foi. Mais je ne vois pas même quelles objections on pourroit propofer contre celle que nous effayons ici.

La plus intérieure des enveloppes communes de nos corps, celle qui recouvre les mufcles immédiatement, eft le tiffu cellulaire où la graiffe eft contenue. Cette fubftance onctueufe, en s'amaffant dans les intervalles des mufcles, donne au corps humain cet agrément & cette uniformité majeftueufe, que la
maigreur

maigreur lui ôte dans les
maladies longues & dans
la vieilleſſe.

La peau enſuite, eſt un
nouveau tiſſu, formé ſans
doute par l'entrelâcement
des dernieres fibriles ner-
veuſes, & des vaiſſeaux
capillaires, tant lymphati-
ques que ſanguins. Elle eſt
percée de pores innombra-
bles, & recouverte d'un
réſeau délié, qui l'unit à
l'épiderme. Les cheveux
protégent nos têtes contre
les outrages de l'air. Ils
entretiennent & facilitent
la tranſpiration. Cepen-

K

dant , qu'ils font plantés avec fymmétrie, qu'ils donnent au front d'élégance & de dignité ! les cils & fourcils ornent les yeux, & les défendent à la fois de la lumiere vive, de la pouffiere & de la fueur.

Qui n'admireroit ces flambeaux de nos corps, & ces miroirs des ames Placés à la même hauteur, brillans du même éclat, femblables jufques dans les nuances du feu qui les anime. Je ne parle point des autres merveilles de leur ftructure, des trois humeurs qui occupent dans chaque globe le même efpace, de cette lentille cryftalline qui paroît au centre comme un foleil couronné de rayons, de l'entrée des nerfs opti-ques, par des routes pareil-lement détournées de leurs expanfions au fond des yeux, de ce tapis obfcur, étendu, pour abforber les reftes inutiles de la lumiere. Enfin, je ne parle point des quatre mufcles femblables fur chaque côté, qui exé-cutent les mouvemens di-vers de ces organes. Je fe-rois infini, fi je voulois marquer en détail tous les rapports combinés , tous les veftiges d'une Intelligence.

La tête contient feule tous les organes de nos fens, à l'exception du toucher, qu'elle ne poffede qu'en partie, & qui eft répandu fur toute l'habitude du corps animé. Mais la vue, l'ouïe, l'odorat, & le goût, y font entiérement renfermés. Quel art, quelle fageffe ne falloit-il pas, pour placer tous ces fens dans un fi petit efpace, en fuivant toujours les regles de l'ordre & du beau, fans tomber néanmoins dans la monotonie ?

X I X.

Conclufion.

JE me repréfente Dieu, s'il eft permis de le faire délibérer & agir un inftant comme un efprit limité, voulant unir des ames raifonnables à une portion d'étendue matérielle. Il cherche parmi les formes qu'il peut donner à cette matiere, celle qui porte le plus de caracteres d'une Sa-

geſſe ſuprême , qui aime
l'ordre & la perfection infiniment. Il ne choiſit peut-
être pas la plus admirable
de ces formes poſſibles ;
mais la plus noble qui puiſſe
ſe développer & ſe conſer-
ver par les loix les plus ſimples. Il choiſit celle que
nous voyons , où des mil-
liers de rapports ſymmé-
triques , qui ſe dévelop-
pent & ſe conſervent par de
très - ſimples loix , annoncent tout d'un coup , que
ni les loix ſi générales , ni
le hazard , ni la fatalité,
n'ont pu conſtruire le corps

humain ; mais qu'il eſt la
production méditée & ré-
fléchie d'un eſprit ver-
tueux.

Dieu auroit pu former
tout d'un coup le genre
humain , & ſans aucune
ſucceſſion de temps. Mais il
a préféré cette ſorte d'origine que nous tirons de nos
parens, ſelon le plan actuel
de l'Univers. Il a diſtingué
les eſpeces en deux ſexes ;
a confié , ce ſemble, aux
meres futures, un dépôt de
germes organiſés ; & aux
peres, les principes qui doivent les animer. Ainſi, les

êtres vivans, qui ne peuvent subsister toujours, se trouvent remplacés par d'autres êtres vivans, pendant toute la durée du monde.

Disons - le donc avec toute la confiance que peut inspirer la vue du vrai : Ni le hasard, ni la fatalité, ne sauroient rien réclamer dans la structure des animaux. Depuis le ciron jusqu'à l'éléphant, depuis le moucheron jusqu'à l'aigle, depuis le ver jusqu'au plus énorme des poissons, nous découvrirons, dans tous les

êtres

êtres animés, les mêmes traces d'une Intelligence souveraine.

Nous en trouverions également dans les plantes. Nous verrions que les feuilles, les fleurs, & les graines, offrent auffi dans leur ftructure, la fymmétrie la plus rigoureufe. Jamais d'erreur, jamais de méprife, jamais d'irrégularités, qui ne foient accidentelles, & les effets manifeftes des loix du mouvement. Un Dieu feul a pu concevoir ces deffeins, & les exécuter.

L

Non-feulement les êtres organifés nous annoncent fon exiftence ; ils nous inftruifent auffi de fon unité, de fa puiffance, de fon immutabilité, de fa bonté, de fa Juftice.

L'unité de l'idée, fur laquelle nos corps ont été formés, décèle l'unité de leur caufe. Comment deux efprits, & à plus forte raifon un plus grand nombre, auroient-ils pu faire des ouvrages fi femblables, quoique compofés de tant de milliers de parties & de refforts ? Comment fe fe-

roient-ils rencontrés fi heu-
reufement, prefqu'une in-
finité de fois ? Comment
leur amour pour l'ordre,
feroit - il fi également ar-
dent, fi également éclairé ?
Comment ne fe trouve-
roit - il aucune différence
confidérable parmi des ouvrages fi multipliés, fi ef-
froyablement compliqués
dans un auffi petit volume ?
Quand même plufieurs ef-
prits auroient concerté enfemble ce travail, comment
auroient - ils formés tous
ces êtres les uns dans les
autres ?

Quelle puissance est capable de gouverner ainsi la matiere, & de la soumettre aux loix éternelles de l'ordre ? de forcer jusqu'aux moindres de ses molécules, à respecter ces loix sacrées ? Quel autre agent, sinon la volonté seule d'un Esprit souverain, peut ainsi travailler sur des molécules imperceptibles à notre imagination , comme le font les germes des peuples futurs ?

Celui qui a arrangé les diverses parties de nos corps avec tant d'ordre,

pourroit-il voir, fans indi-
gnation, le défordre dans
nos ames? Il eft bon , fans
doute ; mais il eft jufte en
même temps. La bonté &
la juftice ne font que l'a-
mour de l'ordre en toutes
chofes. Daigne ce grand
Être, agréer l'*Hymne* foi-
ble que je confacre à fa
gloire !

F I N.

A nos amés & féaux Conseillers, les Gens
tenans nos Cours de Parlement, Maîtres des
Requêtes ordinaires de notre Hôtel, Grand-
Conseil, Prévôt de Paris, Baillifs, Sénéchaux,
leurs Lieutenans-Civils, & autres nos Justiciers
qu'il appartiendra: SALUT. Notre bien-amé
le Sieur Abbé CAMUSET, nous a fait exposer
qu'il desireroit faire imprimer & donner au
Public, un Ouvrage de sa composition,
intitulé: *De l'Architecte des Corps Humains,
ou le Matérialisme réfuté par les Sens*; s'il
Nous plaisoit lui accorder nos Lettres de Permission pour ce nécessaires. A CES CAUSES,
voulant favorablement traiter l'Exposant,
Nous lui avons permis & permettons par ces
Présentes, de faire imprimer ledit Ouvrage
autant de fois que bon lui semblera, & de
le faire vendre & débiter par-tout notre
Royaume, pendant le temps de cinq années
consécutives, à compter du jour de la date
des Présentes. FAISONS défenses à tous Imprimeurs, Libraires, & autres personnes, de
quelque qualité & condition qu'elles soient,
d'en introduire d'impression étrangere dans
aucun lieu de notre obéissance. A LA CHARGE
que ces Présentes seront enregistrées, &c.
que l'Impétrant se conformera en tout aux
Réglemens de la Librairie, & notamment
à celui du 10 Avril 1725, & à l'Arrêt de
notre Conseil, du 30 Août 1777, à peine de
déchéance de la présente Permission; qu'a-

vant de l'expofer en vente, le Manufcrit qui aura fervi de copie à l'impreffion dudit Ouvrage, fera remis dans le même état où l'Approbation y aura été donnée, ès mains de notre très-cher & féal Chevalier Garde des Sceaux de France le Sieur HUE DE MIROMENIL, Commandeur de nos Ordres; qu'il en fera enfuite remis deux exemplaires dans notre Bibliothéque publique, un dans celle de notre Château du Louvre, un dans celle de notre très-cher & féal Chevalier Chancelier de France le Sieur DE MAUPEOU, & un dans celle du Sieur HUE DE MIROMENIL; le tout à peine de nullité des Préfentes; DU CONTENU defquelles vous mandons, &c. VOULONS que la copie des Préfentes, &c. COMMANDONS au premier notre Huiffier, &c. CAR tel eft notre plaifir. Donné à Verfailles, le trentieme jour du mois d'Octobre, l'an de grace, mil fept cent quatre-vingt-un, & de notre Regne le huitieme.

Par le Roi en fon Confeil.

L E B É G U E.

Regiftré fur le Regiftre XXI de la Chambre Royale & Syndicale des Libraires & Imprimeurs de Paris, N°. 2135, fol. 698, conformément aux difpofitions énoncées dans la préfente Permiffion, & à la charge de remettre à ladite Chambre les huit Exemplaires prefcrits par l'article 108 du Réglement de 1723. A Paris, le 27 Mai 1781.

FOURNIER.

www.ingramcontent.com/pod-product-compliance
Lightning Source LLC
Chambersburg PA
CBHW071809090426
42737CB00012B/2006